Jenseits der Scheeren, oder

19

Jenseits der Scheeren,

oder:

der Geist Finnlands.

Eine Sammlung

finnischer Volksmärchen und Sprichwörter

von

Dr. Bertram,

Verfasser der Baltischen Skizzen, des „Strabismus" ꝛc.

Mit 3 Holzschnitten.

Leipzig,

Druck und Verlag von Breitkopf und Härtel.

1854.

An

Demoiselle Charlotte Europäus

als

ein Zeichen der Hochachtung

vom

Herausgeber.

Inhalt.

Finnische Volksmärchen.

————

I.

Die sonderbare Kleudouse.

Es war einmal ein König, der war geheißen König Dumbr, und herrschte über Ost- und Westbotnien. Er hatte drei Töchter, die hießen Helka, Drisiva und Sigtuna, und er liebte sie alle drei auf's zärtlichste. Deßhalb rief er alle Zauberer seines Reichs herbei, um von ihnen das Schicksal seiner Kinder zu erfahren. Da versammelte sich eine große, große Menge von Zauberern und sie prophe- zeiten dem Könige: die Prinzessinnen dürften zwanzig Jahre lang nicht unter freien Himmel kommen, sonst würde ein großes Unglück geschehen. So wurden denn die königs- lichen Kinder sorgfältig im Schlosse bewahrt und König Dumbr ließ ihnen einen großen Garten unter Glas bauen, worin sie spielten; und sie wuchsen fröhlich auf und wur- den über die Maaßen schön. Wie sie aber aus Kindern allmählich Jungfrauen geworden waren, fingen sie an sich nach frischer Luft und blauem Himmel zu sehnen und wur- den bleich und traurig. Da dachte der König bei sich: Helka meine jüngstgeborene Prinzeß ist nun bereits fünf-

zehn Jahr alt geworden auf Helaastag (Pfingsttag), länger
kann man doch die armen Kinder unmöglich plagen, auch
sind sie ja schon erwachsen, was kann ihnen draußen am
Ende geschehen! — Also erlaubte er eines Tages den drei
Prinzessinnen in den schönen Schloßgarten zu gehen. Auch
gab er ihnen Wächter und Leibtrabanten mit, unter dem
Befehl seines Schloßriesen Koljumi, der war so groß, daß
alle alten Weiber, wenn sie ihn am Schloßthor erblickten,
die Hände über'n Kopf zusammenschlugen und ausriefen:
Ach Herr jeh, was für eine schöne Mannsperson! — Aber
was geschah! die Prinzessinnen hatten kaum angefangen
munter herumzuspringen, die alten dicken Bäume zu be=
fühlen und endlich auf einen bemoosten Felsen zu klettern,
als dieser plötzlich erbebte, sich auseinanderspaltete und die
drei Prinzessinnen vor den Augen der Leibhatschiere ver=
schlang. Alle standen erstarrt da, nur der tapfere Koljumi
stürzte herbei, packte die Felsen an und riß sie beinahe aus=
einander, aber ein feuriges Schwerdt fuhr aus der Felsen=
spalte heraus und tödtete ihn. — Nun ergriffen alle das
Hasenpanier und liefen und sagten die traurige Mähr dem
Könige Dumbr an. Da war große Trauer am Hofe. Der
König versank von Stund an in tiefe Melancholei und
alles auf der Welt wurde ihm gleichgültig.

Nun lebten aber am Hofe drei Heimballer, sogenannte
weise Männer. Diese erboten sich die Prinzessinnen auf=
zusuchen und erhielten vom Könige die Erlaubniß, so viele
Diener mitzunehmen als sie für nöthig hielten. Da wähl=
ten sie viele Schloßdiener aus, aber der Stallknecht Gylpho,
der sich auch meldete, den wiesen sie ab. Und sie suchten

die Prinzeſſinnen weit herum im ganzen Lande, aber konn=
ten ſie nicht finden, und als ihr Speiſevorrath erſchöpft
war, kehrten ſie unverrichteter Sache zum Schloſſe Hyſis=
borg zurück, ſo hieß König Dumbr's Wohnſitz, und ſie
baten ihn, er möchte ihnen noch einmal erlauben die Prin=
zeſſinnen aufzuſuchen, vielleicht würde es dieſes Mal ihnen
gelingen. Der König erlaubte es nochmals und wiederum
kam auch Gylpho und bat, man möchte ihn mitnehmen,
aber die Heimdaller wieſen ihn mit ſchnöden Worten zu=
rück und ritten ohne ihn fort. Da wurde Gylpho traurig
und ging in den nahen Wald, und um ſeinen Aerger an
irgend etwas auszulaſſen, fing er an eine dicke Eiche zu
fällen. Da trat plötzlich ein hoher, grauer Mann zu ihm,
viel größer als ein gewöhnlicher Menſch, ſah lächelnd auf
Gylpho's Arbeit und ſprach: das nennſt du alſo Holz=
hacken, dummer Junge! Gib mir mal die Art, dann will
ich dir zeigen, was eine Hacke iſt. Gylpho aber merkte
wohl, daß er es mit einem Waldgeiſt zu thun hätte, und
er wußte nur nicht, ob es der böſe Ahtolainen oder der
Rieſe Hallgrim oder Hirmu oder Kilka oder Perkele ſelbſt
ſei, deßhalb dachte er eine kleine Weile nach, was zu thun
wäre und ſchlug dann ſeine Art ſo tief in die Eiche hinein
als er nur konnte, ſtellte ſich hierauf an als kriegte er ſie
nicht mehr heraus und ſprach zum Waldgeiſt: Lieber
Onkel, würden Sie wohl die Gefälligkeit haben, mit Ihren
Fingern die Spalte mir etwas zu erweitern, auf daß ich
meine Art wieder herausbekäme! Der argloſe Waldgeiſt
legte ſeine Finger in die Spalte, aber Gylpho zog raſch die
Art heraus und da war der Geiſt in der Klemme. Er

rüttelte und schüttelte, aber die Finger kamen nicht los;
da legte er sich auf's Bitten und gab gute Worte. Gylpho
aber sagte ganz ruhig: ich erlöse dich nicht, du sagest mir
denn an, wo unsere drei Königstöchter hingerathen sind.
Da sprach der Waldgeist: Ist es auch ganz gewiß, daß du

mich loslässest, so sage ich es dir an. „Den Ochsen faßt
man beim Horn, den Mann beim Worte," erwiederte Gylpho. Da eröffnete der Waldgeist ihm die Sache und
sprach: die Königstöchter sind alle drei in des alten Felsen-
königs Kammo Gewalt. Die jüngste sitzt gefangen in einem
eisernen Zimmer, das hundert Faden tief im Felsen liegt.
Sie hat eine eiserne Krone auf dem Kopfe und einen eisernen Ring am Finger. Die mittelste Tochter steckt noch um
die Hälfte tiefer im Felsen; sie sitzt in einem silbernen Zimmer, hat eine silberne Krone auf dem Kopfe und einen
silbernen Ring am Finger; die älteste ist abermals hundert
Faden tiefer in einem goldenen Zimmer, hat auf dem
Haupt eine goldene Krone und am Finger einen Gold-
reif. — Gut, daß ich das weiß, sprach Gylpho, aber wie
bekomme ich sie los? — Hoh! sagte der Alte, das wird
nicht schwer sein; so du mich erst loslässest, gebe ich dir
dazu all' das nöthige Werkzeug, so wahr ich Pellerwoinen
heiße. Da war Gylpho sehr froh, als er hörte, daß sein
gefangener Geist der gutmüthige Pellerwoinen sei und er
schlug mit der Art an den Eichbaum und befreite die Finger des Geistes. Der aber zog einen hundert Faden langen
Strick hervor, ein Schwerdt, eine Flasche elementarisches
Wasser und eine Fleudouse und sprach: Dieß alles brauchst
du, um hinab in den Felsen zu steigen; wenn der Vollmond roth über dem Gebirge aufgeht, so komme in den
Wald und blase die Fleudouse, alsobald bin ich bei dir.
Da ging Gylpho froh nach Hysisborg zurück und wartete
die Rückkehr der Heimdaller ab, welche auch bald ankamen
mit leeren Händen zwar, aber vollen Backen. Sie rühm-

ten gar viel von den großen Gefahren zu Land und zu
Waffer, denen sie ausgesetzt gewesen wären und was sie
gedacht und gehofft hätten und wie sie der Spur der Prin=
zessinnen immer ganz nah gewesen wären und sie beinahe
gefunden hätten, aber doch zuletzt nicht fanden; auch noch
von andern Wunderdingen erzählten sie, von bösen Lapp=
ländern und Noiden und Seehunden und Nordlichtern,
aber was half das alles, die Prinzessinnen blieben einmal
weg und König Dumbr war trauriger denn je zuvor. Da
trat Gylpho zum Könige und bat ihn inständig, er möchte
nun auch ihm erlauben die Prinzessinnen aufzusuchen.
Ich glaube etwas davon zu wissen, sprach er, und die Her=
ren Heimballer könnten nun zu Hause bleiben, ich suche
nach meinem eigenen Kopfe. Der König gewährte ihm
seine Bitte, aber setzte kummervoll hinzu: kaum wirst du
etwas von meinen Töchtern erfahren, da es klügere als du
nicht vermochten, aber versuche es, da du es wünschest.

Als nun der Vollmond groß über dem Gebirge hervor=
trat, machte sich Gylpho froh auf den Weg und nahm die
Geschenke Pellerwoinen's mit. Und als er im Walde an=
gekommen war, blies er auf der Fleudouse, da erschien so=
gleich der Waldgreis und sprach: „bist du bereit zu kom=
men?“

„Ich bin's,“ sprach Gylpho.

„So folge mir,“ sagte Pellerwoinen, und ging vor=
aus.

Aber die Heimballer waren dem muthigen Gylpho
leise nachgegangen, und hatten voll Verwunderung alles
mit angesehen und folgten den beiden immer von weitem,

ohne daß diese ahnten, daß sie Nachgänger hatten. —
Endlich stand Pellerwoinen vor hohen Felsmassen still,
zeigte in eine dunkele, tiefe Oeffnung und sprach: „da
mußt du hinein.“ — „Wenn's weiter nichts ist,“ sagte
Gylpho, „so ein Dachsloch macht mir nicht bange.“ Also
ließ der Waldgeist den Knappen hinab und fuhr ihm selbst
hinternach. Als sie hundert Faden tief waren, kamen sie
an ein großes eisernes Thor, das ihnen den Weg sperrte.
„Zieh dein Schwerdt,“ sagte Pellerwoinen, „und haue die
Thür auf.“ Gylpho that wie ihm geheißen und das Thor
zerfiel in Stücke. Sie traten nun in ein eisernes Zimmer,
da saß die jüngste Prinzessinn mit einer eisernen Krone auf
dem Kopfe und einem eisernen Ringe an ihrem Finger,
und bewacht wurde sie vom Felsenkobold, dem alten Kam=
mo; der trug ein großes Horn auf dem Haupt und ein
einziges Auge hatte er mitten auf der Stirn. Der blickte
auf und sprach: „Oho, riecht es hier nicht nach Menschen=
blut?“ — „Seid ruhig,“ sprach die kluge Helka, „es ist
nichts, ein Rabe flog vorüber und hatte ein Stück Fleisch
im Schnabel, das ist's, was hier so riecht.“ — Der Felsen=
geist war schon alt und sein einziges Auge war vom vielen
Gebrauch schon trübe geworden, auch wuchsen seine Wim=
pern hinein; also bemerkte er den Knecht nicht, glaubte
der Prinzessinn und beruhigte sich. Der Ofen aber heizte
gerade und neben ihm stand eine große eiserne Stange,
damit der Geist die Kohlen schürte. Leise nahm Gylpho
die Stange, machte ihr Ende glühend heiß und stach damit
dem Geist in's Auge. In seiner Noth stand Kammo nun
auf, tastete rings umher und schrie so laut, daß der ganze

Felsen antwortete, aber da er jetzt blind war, so konnte er seinen Feind nicht erblicken, der aber ersah eine gute Gelegenheit und hieb ihm den Kopf herunter. Als dieses geschehen war, sprach Pellerwoinen: „Gut gehauen, Söhnchen, das kommt davon, wenn man sich frühzeitig an Eichbäumen übt, jetzt ist die Prinzeß Helka befreit; lasse die Krone hier, zerbrich den Eisenring, lasse ihr die eine Hälfte und behalte die andere." So geschah es und die Prinzeß folgte ihnen. Der Waldgeist ließ beide noch hundert Faden tiefer und fuhr selbst hinternach. Da kamen sie an eine silberne Thür und Gylpho der Knappe hieb mit dem Schwerdte die Thür auf. Da fanden sie Driswa die mittelste Prinzessinn in einem silbernen Zimmer und in silbernem Schmuck. Auch hier ließen sie die Krone, Gylpho brach den silbernen Ring in zwei Hälften, gab die eine der Prinzessinn und behielt selbst die andere. Nun stiegen sie selbvierte noch hundert Faden tiefer zum goldenen Zimmer, wo die Prinzessinn Sigtuna gefangen saß und wo alles so gemacht wurde wie vorher. Da umarmten sich die drei Schwestern voller Freude und man trat die Rückreise an. Aber was geschah! Die drei bösen Heimballer lauschten an der Oeffnung. Da nun der Waldgeist bereits alle drei Prinzessinnen hinaufgezogen hatte und dabei war, auch Gylpho hinaufzuheben, sprangen die Bösewichter hervor und schnitten den Strick entzwei, Gylpho aber stürzte hinab und blieb betäubt in der Tiefe liegen. Da erschrack der Geist und lief fort; die Heimballer aber traten zu den drei Prinzessinnen und ließen sie schwören, daß sie alles als wahr bezeugen wollten, was sie beim Könige vorbringen

würden. In ihrer großen Furcht willigten die Prinzessinnen in alles ein, und so ging es zum Schlosse.

Da war die Freude groß, die Heimdaller erzählten,
daß sie die Prinzessinnen befreit hätten, und der König
Dumbr glaubte ihnen sowohl als seinen Töchtern und er-
wies den Heimdallern große Ehren wegen ihrer kühnen
That.

Gylpho aber war vergessen, nur die Prinzessinnen
gedachten seiner, durften aber ihres Eides wegen nichts
sagen.

Wir wollen aber jetzt nachsehen, wie es dem armen
Knappen ging. Er war wieder zur Besinnung gekommen,
aber hatte sich durch den Fall sehr beschädigt, er fühlte alle
266 Knochen im Leibe. Da fiel ihm zum Glück die Flasche
mit elementarischem Wasser ein, die wie durch ein Wunder
nicht zerbrochen war; er setzte sie an und nahm einen herz-
haften Schluck. Augenblicklich fuhr ein neues Leben in
ihn hinein, er sprang auf und fühlte sich so frisch wie eine
Schmerle im Bach. Auf und nieder wandelte er nun in
der Felsenhöhle und dachte über sein hartes Schicksal nach,
und da er nichts besseres zu thun wußte, so steckte er die
Hände in die Tasche. Da fand er zu seiner Freude die
Fleubouse, die er ganz vergessen hatte und fing an aus
Langerweile drauf zu blasen. Augenblicklich stand der gute
Pellerwoinen bei ihm und sprach: „Was bist du so
traurig?“ — „Wer in Trauer versenkt ist, denkt nicht an
Honigkuchen,“ sprach Gylpho, „die Prinzessinnen habe ich
glücklich befreit und nun sitze ich selbst in der Tiefe.“ —
„Hier wäre ein Rabe,“ sprach der Waldgeist, „ob er dich

wohl wegtragen könnte?" — „O ja," sagte Gylpho, „ich bin hier sehr mager geworden." —

Der Geist brachte den Raben, Gylpho stieg auf dessen Flügel und so kam er wieder glücklich auf die Erde, wo der Vogel ihn ließ und weiter flog. Hier bedachte sich nun der Knappe, was er thun sollte; nach dem Schlosse wagte er nicht zu gehen wegen der Heimdaller, und sonst besaß er keine Freundschaft auf der weiten Welt. Da er aber ein gutes Gewissen hatte, so faßte er Muth und dachte: „ich will nicht eher springen als bis der Bach kommt!" Also ging er immer weiter, bis er an die Grenze des König= reichs kam. Da rauchte es schwarz aus einer Schmiedeesse und der Knecht, der schon oft die Pferde zur Schmiede ge= ritten hatte, bekam den guten Einfall, beim Schmied in die Lehre zu gehen.

Es verfloß eine Zeit, da verlangte man den Schmied Köyrotöinen, der ein überaus künstlicher Meister in Eisen und allerlei Erz war, nach Hysisborg auf's Königsschloß. Die jüngste Prinzessinn hatte sich eben eine solche Krone gewünscht, wie sie im Felsen getragen. Da der Schmied aber diese Krone nie gesehen hatte, so war er sehr beküm= mert und wollte die Kronenarbeit nicht übernehmen, aber es half nichts, der gute König Dumbr hatte es befohlen und es mußte geschehen. Nachdem Köyrotöinen viel ge= klopft und gehämmert und sich dabei noch öfter im Kopf gekratzt hatte, war ein Ding zwar dargestellt wie eine Krone, aber sie paßte vorn schlecht und hinten gar nicht, und der Schmied wurde sammt dem Dinge mit Protest zurückgeschickt. „Das dachte ich," sagte der Schmied, aber ärgerte sich doch. — Wie Gylpho die Ursache seines Aergers erfahren hatte, sprach er bei sich selbst: „könnte man nicht eine solche Krone schaffen?" — Als nun alle zu Bett gegangen waren, trat er hinter die Schmiede und blies in die Fleudouse. Wup dich wup! stand der alte Pellerwoinen da und sagte: „du spielst, daß es einem in die krausen Gedärme fährt, was willst du?" — Gylpho entgegnete: „Prinzessinn Helka will eben so eine Krone haben wie sie im Felsen trug, ich möchte ihr sie gern schaffen." — „Die sollst du haben," sprach der Alte und gleich war die eiserne Krone aus der Felsenkammer da. Gylpho legte sich nun froh schlafen und stellte die Krone neben sich auf ein Brett. Am Morgen früh kam der Meister, ihn zu wecken und sah voll Erstaunen die schöne Krone. „Warum," sprach er, „hast du diese schöne Arbeit so heimlich gemacht?" — „Ich habe sie nicht heimlich gemacht," sagte der Lehrling, „man hätte mein Klopfen wohl genug hören müssen. — „Nun denn," sagte Köyrotöinen, „wenn es einmal deine Arbeit ist, so trage sie auch selbst zur Prinzessinn hin." Das aber wollte Gylpho nicht. „Meister," sagte er, „es ziemt sich nicht, daß das Füllen vor der Mutter läuft, geht ihr nur selbst hinauf und sagt meinetwegen, euer Lehrling hätte die Krone gemacht." Also ging Köyrotöinen hin. Die Prinzessinn war aber sehr froh und sprach: „diese Krone ist gerade wie die in der Felsenkammer, wenn nicht noch besser!" König Dumbr aber belohnte den Schmied reichlich und entließ ihn mit der Versicherung, er würde ihn bei Gelegenheit gewiß wieder rufen lassen. Jetzt wollte Köyrotöinen schon froh davon gehen und hatte seinen Kratzfuß schon gemacht, da

kam die mittelste Prinzessinn und gab ihm ein ungefähres
Muster, wie sie sich auch eine Krone wünschte, aber von
Silber gleich der im Felsen. Der Schmied besah das
Muster lange und merkte wohl, daß es immer eine bedenk=
liche Sache wäre, aber er durfte nicht widersprechen und
nahm daher das Muster, versprach auch, er wollte sein
Möglichstes thun. Als er nach Hause gekommen war,
sprach er zu Gylpho: „Na, bist du der Mann, auch wohl
eine silberne Krone zu machen?" — „Ich habe es nie ge=
lernt," sagte Gylpho, „aber wir beide zusammen können ja
versuchen, ob es uns nicht glücken sollte." — Nach langer,
mühsamer Arbeit wurde die Krone fertig und nach Hysis=
borg getragen, aber sie paßte wie die Faust auf's Auge,
und die Prinzessinn sagte: „Es ist nicht einmal reines Sil=
ber." — Nun was jetzt! — Der Schmied kam traurig
nach Hause und erzählte seinem Lehrling alles. Dieser
aber erwiderte nichts, sondern erwartete die Nacht, ging
dann wieder hinter die Schmiede und blies in die Fleu=
douse. Da kam der alte frühere Walddeibel wieder und
sagte: „du tremolirst so schön, daß sich ein Mühlstein er=
barmen möchte, was fehlt dir?" — „Jetzt," sprach Gylpho,
„will die mittelste Prinzessinn ihre Krone vom Felsen haben."
— „Hei, bald bringe ich sie dir!" sagte der lustige Alte und
die Krone war auch schon da. Der Schmiedelehrling dachte
aber bei sich: wer doch so einen Pudel hätte! und ging
schlafen und legte die Krone auf ein Brett. Nach seiner
Gewohnheit kam der Meister am Morgen, ihn zu wecken
und erblickte die silberne Krone. Da schlug er die Hände
über'n Kopf zusammen voll Verwunderung und rief:

„Na! du bist mal ein tüchtiger Kerl, was willst du für die
Krone haben?" — „Nichts," sprach Gylpho. — Da wollte
der Schmied, er solle die Krone nach Hysisborg tragen,
aber Gylpho getraute sich nicht dahin wegen der Heimdaller
und sagte: „es ziemt mir nicht zu gehen; der Meister ist
größer denn der Lehrling, aber wenn ihr wollt, sagt, euer
Lehrling habe die Krone gemacht." Da ging Köyrotöinen
auf's Schloß und wurde höchlich belobt. Aber seine Freude
dauerte nicht lange, denn jetzt kam die älteste Prinzessinn
und sagte: „Ei! was hast du für einen klugen Lehrjungen,
wenn er mir so eine Krone macht, wie meine im Felsen
war, so wird er mein Gemahl und theilt mein Reich."
Da lief der Schmied nach Hause und sprach: „Jetzt nimm
dich mal zusammen, machst du der ältesten Prinzessinn eine
goldene Krone, wie sie im Felsen trug, so bekömmst du sie
zur Gemahlinn und erbst das Reich." Bei sich selbst beschloß
er aber aufzupassen, um dem Lehrling die Kunst abzulauern.
Gylpho aber merkte seines Meisters Absicht, und hielt sich
stille bis zur Mitternacht, da der Schmied endlich einschlief.
Dann schlüpfte er hinaus hinter die Schmiede, blies in die
Fleudouse und wupp dich wupp! stand der Waldgeist vor
ihm. „Was willst du von mir, Söhnchen," sprach er, „du
bläst so schön, daß ein Bär darüber ein Kunstschneider
werden könnte!" — Gylpho sprach seinen Wunsch aus
und im Nu war das Verlangte da. Froh legte er sich zu
Bett und legte die Krone auf's Brett. Am Morgen eilte
der Schmied schon ganz früh zu Gylpho und erblickte mit
Verwunderung die herrliche Krone. „Du bist ein so
großer Meister wie ich »ichtens« gesehen habe," rief er aus,

„aber jetzt gehe und bringe dein Meisterstück selbst auf's
Schloß."

„Man könnte wohl gehen," meinte Gylpho, und machte
sich mit der Krone auf den Weg, aber er ging nicht weit,
sondern blies in die Fleubouse. Plötzlich stand Pellerwoinen vor ihm. „Sohn, mein Sohn," sprach er, „du bläst
so stark, daß einem Bierbrauer selbst der Verstand still-
stehen könnte, was willst du?" Gylpho aber sagte: „Schaffe
mir einen goldenen Wagen und drei mausfarbene Pferde." —
„Hoh!" sagte der Waldmann, „das sollst du haben." Und
alsobald fuhr ein goldener Wagen vor mit drei mausfar-
benen Pferden. Gylpho aber stieg ein und kutschirte ganz
stattlich dahin. Aber die drei bösen Heimballer hatten erfahren, was die älteste Prinzessinn Sigtuna dem verspro-
chen hatte, der ihr die Krone brächte, und darum hatten
sie Mörder gedungen dem Schmiedelehrling aufzulauern,
ihn zu tödten und die Krone ihnen zu bringen. Wie aber
die Mörder den goldenen Wagen sahen, wunderten sie sich
über ihn und den stattlichen Herrn, der drinnen saß, hoben ihre Mützen und ließen ihn ziehen. Der Knecht aber
fuhr im Galopp in den Schloßhof, stieg aus und trug die
Krone in's Schloß. Da versammelten sich alle, sammt und
sonders, groß und klein, kreti und plethi und schauten auf
die wunderschöne goldene Krone, und die Prinzessinn
hüpfte vor Freude, daß sie just so eine schöne Krone hatte,
wie im Felsen, wenn nicht noch besser. Da faßte Gylpho
ein Herz, zog die Hälfte vom eisernen Ringe hervor, trat
zur Prinzessinn Helka und sagte: — „Jüngste Prinzessinn,
gehört dies Stück nicht zu Ihrem Ringe?" Man paßte die

zwei Stücke zusammen und sie paßten vollkommen, und
des Königs Räthe bezeugten auch, daß es der Wahrheit
gemäß sei. Da trat Gylpho zur mittelsten Prinzessinn,
gab ihr die Hälfte ihres silbernen Ringes und sprach:
„Schönste Prinzessinn, paßt diese Hälfte nicht zu Ihrem
silbernen Ringe?" Und es ward richtig befunden und alle
Räthe des Königs bezeugten es. Da trat Gylpho endlich
zur schönen Prinzessinn Sigtuna und sagte: „Holdeste
Prinzessinn, ist das nicht die Hälfte Ihres Goldringes?" —
Und alle königlichen Räthe sprachen, es sei nicht abzu-
leugnen. — Und was nun? — Die älteste Prinzessinn
setzte sich die goldene Krone auf's Haupt und sprach zu
Gylpho: „Ist die Sache einmal so, so bist du mein und ich
bin dein, und das ganze Reich ist dein!" Viele Gäste
wurden da geladen und die Hochzeit so prachtvoll gefeiert,
als man es sich nur vorstellen kann. Da kam auch endlich
die Wahrheit an den Tag und der junge König bestrafte
die drei bösen Heimballer folgendermaaßen. Den ersten
ließ er in Bastschuhen einhergehen, der zweite mußte auf
einem Schwein reiten und den dritten bestimmte er ohne
alle Strafe zu bleiben. Die drei Kronen aber setzte er in
das königliche Wappen und da stehen sie noch heutiges
Tages darin.

II.

Das Mädchen aus dem Meer.

Es war einmal ein Mann und ein Weib, die hatten eine Tochter und einen Sohn, gar zu schön beide. Der Bruder wurde Hirt beim Könige, die Schwester blieb zu Hause, aber der Bruder sehnte sich nach der Schwester. Einst schnitt er ihr Portrait. Es traf sich daß der Prinz das sah, und da das Mädchen so schön war, daß man es in einer Rune nicht singen und in einer Rede nicht sagen kann, so sprach der Prinz: „Wenn deine Schwester wirk= lich so schön ist, wie ihr Bild, so bringe sie hierher, ich werde sie heirathen und du wirst der zweite Mann im Reich werden." Der Bruder machte sich sogleich auf den Weg und sagte seiner Schwester: „Liebe Schwester, jetzt mußt du auf's Schloß kommen; des Königs Sohn will dich heirathen." Da antwortete die Schwester: „Nein, mein lieber Bruder, ich verlasse nicht eher des Vaters Stube, als bis die Steine, die der Vater und die Mutter herbei= geschafft haben, durch Mahlen zerrieben sind." Der Bru= der merkte wohl, daß die Schwester wie alle Mädchen war,

also ging er an die Arbeit und suchte die Steine durch
Reiben und Klopfen fein zu machen, es blieben aber im=
mer nur Stücke. Das dauerte dem Mädchen selbst zu lang,
sie machte sich an die Arbeit und im Nu waren die Steine
alle zu Staub gemahlen.

„Kömmst du jetzt, Schwester?“ fragte der Bruder.
„Noch nicht, Bruder,“ antwortete sie, „ich komme nicht
eher als bis die Spuhle meiner Mutter auf dem Spinn=
rocken schleißt.“ Damit ging sie zur Thür hinaus. Der
Bruder zerschlug die Spuhle unterdessen, aber es wurden
nur Stücke. Da trat die Schwester herein, setzte sich selbst
an den Spinnrocken und eins zwei drei war die Spuhle
geschlissen. „Nun, liebe Schwester, kommst du jetzt?“
„Noch nicht,“ sagte die Schwester, „nicht eher als bis ich
über die Schwelle meiner Aeltern so lange aus und ein=
gegangen bin, daß sie von der Berührung meiner Kleider
abgenutzt ist.“ — Das wird etwas lang dauern, dachte der
Bruder, zerschlug die Schwelle, ohne daß die Schwester
es bemerkte und sprach: „Kömmst du denn jetzt nicht, liebe
Schwester?“ Da zog die Schwester ihre besten Kleider an
und folgte endlich dem Bruder.

Sie mußten über’s Meer fahren, da lief ihr Hündlein
Pilka an’s Ufer und sie hatte nicht das Herz ihn zurückzu=
lassen, sondern nahm ihn mit. Da sie eine Strecke gefah=
ren waren, sahen sie Syöjätär, die böse Teufelinn, auf
einer Landzunge stehen, die rief: „Greises Sohn, Weibes
Tochter, nehmt mich mit auf die Reise!“ — „Sollen wir sie
nehmen?“ sagte der Bruder. „Nimm sie nicht,“ antwortete
die Schwester, „das Böse kommt vom Bösen.“

2*

Man fuhr weiter, aber an der nächsten Landzunge
stand Syöjätär wieder da und rief abermals: „Greises
Sohn, Weibes Tochter, nehmt mich mit auf eure Reise!"
Da fragte der Bruder: „Schwester, sollen wir sie nehmen?"
„Laß es lieber bleiben," sagte die Schwester; „das Schlechte
kommt vom Schlechten." Man kam zu der dritten Landzunge, da stand wieder Syöjätär und bat abermals sie
in's Boot zu nehmen; die Schwester wollte es wiederum
nicht, aber der Bruder sagte: „Gott will es so," und er
nahm sie in's Boot.

Syöjätär setzte sich zwischen Bruder und Schwester
mitten in's Boot und machte beide sogleich taub. Nach
einer Weile sagte der Bruder: „Hebe deinen Sitz und
ordne deine Kleider, liebe Schwester, des Königs Schloß
ist zu sehen." Die Schwester verstand aber nicht was der
Bruder sagte und fragte: „Was sagt mein lieber Bruder?"
— Syöjätär aber sprach: „Das sagt dein lieber Bruder:
höre auf zu rudern und springe in's Meer." Das Mädchen
hörte wohl auf zu rudern, aber blieb im Boot sitzen, und
Syöjätär setzte sich auf die Stelle des Mädchens.

Da sagte wieder der Bruder: „Erhebe deinen Sitz, ordne
deine Kleider, das Schloß ist zu sehen!" — „Was sagt
mein lieber Bruder?" fragte die Schwester. — Syöjätär
aber erklärte: „Das sagt dein lieber Bruder: ziehe dich aus
und springe in's Meer." Das Mädchen zog sich aus und
gab ihre Kleider der Syöjätär, aber sie ging noch nicht
in's Wasser.

Man fuhr wieder etwas; da sagte nochmals der Bruder: „Wir sind schon dem Schloß ganz nah, erhebe deinen

Siß und ordne deine Kleider, meine Schwester." Die aber
verstand wieder nicht, sondern fragte: „Was sagt mein lie=
ber Bruder?" — Da sagte die böse Syöjätär wieder betrü=
gerisch: „Das sagt dein lieber Bruder, du sollst dir deine
Augen ausstechen, deine Arme zerbrechen und selbst in's
Meer springen." — „Nun da wähle ich schon lieber das

K. A. v. FLEGEL. sc.

Meer," sprach das Mädchen und sprang in's Meer. Der
Bruder erschrak sehr und wollte sie wieder herausziehen,
aber Syöjätär hinderte ihn und ruderte das Boot fort.
Da versank die Unglückliche. „Was fange ich nun an,"
sprach der Bruder, „ohne Braut darf ich nicht an den Hof
zurück!" Da sprach Syöjätär: „Traure nicht, ich sehe
deiner Schwester ähnlich, gib mich für sie aus, so entgehst
du allem Ungemach und wirst noch reichlich belohnt." Der
andere wußte in der Noth keinen besseren Rath und wil-
ligte ein. Syöjätär schmückte sich mit den schönen Kleidern, die sie von dem Mädchen bekommen hatte und so
kamen sie zum Schloß. Der Prinz kam in seiner Ungeduld
sogleich seiner Braut entgegen, als er aber die häßliche
Syöjätär erblickte, sprach er: „Ist dies wirklich deine Schwester?" Der andere bejahte es. Der Prinz wollte aber sein
Wort nicht brechen und nahm sie zur Braut, aber er war
sehr böse auf den Hirten, weil er das Bild für eine Täu-
schung hielt: daher sagte er zu seinem Gefolge: „Nehmt den
Brautbegleiter und werft ihn zu den Eidechsen und Schlangen." Also geschah es, aber am folgenden Morgen war der
Arme noch am Leben und man sagte dem Prinzen: „Son-
derbar ist es, sonst fraßen die Thiere in einer Nacht einen
Menschen, diesen läßt die älteste Schlange auf ihrer Pfote
schlafen." — „Laßt uns sehen, ob er morgen noch am Leben
ist," sprach der Prinz.

Die Schwester ist unterdeß im Meer. Aber der Meer-
gott, gerührt von ihrer Schönheit, hat einen Glaspalast
um sie herum gezaubert, so daß sie trockenen Fußes auf
dem Grunde des Meeres herumwandelt, und der beweg-

liche Palast wandelt mit ihr und von allen Seiten kom=
men neugierige Meermädchen und Seeschlangen und bunte
Fische, und schauen das schöne Mädchen an. Und des
Meergottes Sohn freit um sie. Reichthum häuft er genug
vor ihr auf, Korallen und Perlen und die Schätze der
versunkenen Schiffe, namen= und zahllos, aber das Mäd=
chen trauert nach ihrem Bruder, von dessen Schicksal eine
Meerschlange ihr Kunde gebracht hat, die im Schlangen=
thurm zum Besuch gewesen ist. — Sie stickt aus Silber
und Gold ein Halstuch und bittet den Meerkönig um Frei=
heit nur an's Land zu gehen und dem Prinzen das Geschenk
zu senden. Man gestattet es ihr, aber legt eine silberne
Kette um ihren Leib. Unterdeß aber lief das Hündchen
Pilka am Strande hin und her ohne zu fressen oder zu
saufen, weil es seine Herrinn vermißte. Da lief es
Abends zum Boot, leckte etwas Wasser aus einer süßen
Quelle, die am Meer entsprang und legte sich in das Boot
schlafen.

Es wohnte daselbst am Meer eine kluge Wittwe und
von ihrem Häuschen ging eine steinerne Brücke in's Meer.
Um Mitternacht stieg das Mädchen aus dem Meer; wie das
räuschte und plätscherte! Meermänner hoben den Palast,
rothe Schlangen spielten in den Wellen, die Meernixen
sangen und das Klingeln der silbernen Kette tönte schon
auf fünf Büchsenschußweiten. Sie stieg auf den Rand der
Brücke und setzte sich hin. Sie war so schön wie früher,
aber in Gold und Silber gekleidet. Da sieht sie ihren
Hund, ruft ihn zu sich, gibt ihm das Halstuch mit den
Zähnen zu halten und sagt:

> Piili, Piili, Pilkaseini!
> Oeffne Thüren, wälze Pforten,
> Daß es niemand hört, noch siehet,
> Daß die Pforten nur nicht knarren,
> Daß die Thüren nur nicht klirren.
> Und die schwarze Kuh nichts merke.

„Lege dies Tuch unter des Prinzen Kopfkissen, daß er sich über meinen armen Bruder erbarmen möchte." Der Hund that alles pünctlich wie ihm befohlen, lief ganz leise zum Schloß, legte das Tuch an den Ort, ohne daß jemand es bemerkte, und lief sogleich wieder zu seiner Herrinn zurück. Da fragte diese:

> „Piili, Piili, Pilkaseini!
> „Komm zu mir und sag mir an,
> „Wo mein Bruder hingethan.

Pilka aber sagte:

> „Ach dein Bruder sitzt gefangen
> „Bei den Eidechsen und Schlangen.

Sie:

> „Was für Botschaft bringst du dann?
> „Botschaft mir vom Bräutigam?

Pilka:

> „Solche Botschaft bring ich dir:
> „Syöjätär hat deine Stelle
> „Und der Prinz schläft neben ihr.

Sie:

> „Wie war 's Essen auf der Hochzeit
> „Auf der Hochzeit Syöjätäres,

„Die das Fleisch der Menschen isset
„Und vom Blut der Menschen trinket;
„Sag mir an wie war das Gastmahl
„Dieses langgeschwänzten Scheusals?

Pilka:

„Lauter Beine nur vom Fleische,
„Nichts als Köpfe nur von Fischen,
„Lauter Kohl= und Rübenblätter
„Und verbrannten Brotes Krusten.

Da sprach das Mädchen: „Komme mein Pilka noch zwei Nächte her, ich bedarf deiner“ und sie ging hierauf wieder in's Meer zurück zum Wasserkönig.

Es ward Morgen. Der Prinz bemerkte mit Erstaunen die schöne Gabe und sagte: „Wie ist dieses herrliche Tuch hergekommen?“ —

Da antwortete Syöjätär: „Dieweil Ihr schliefet, nähete ich des Nachts dies Tuch Euch als Gabe.“ — Der Prinz glaubte ihr aber nicht, und dachte bei sich, so etwas kann man nicht über Nacht fertig machen. Man fragte im gan= zen Schlosse nach, aber da Niemand Bescheid geben konnte, so blieb die Sache so. Da befahl der Prinz, man sollte nach dem Manne in der Schlangengrube sehn. „Jetzt ist er gewiß schon todt,“ sprach er, „man bringe seine Gebeine fort.“ Aber die Antwort war, daß er noch am Leben sei. Verwundert ging der Prinz nun zur klugen Wittwe und sagte: „Höre Weib, ich habe einen Mann unter die Schlangen werfen lassen; sonst fraßen die einen Menschen in einer Nacht: warum schonen sie diesen in zween?“ —
„Weshalb ließet Ihr den Mann in die Schlangengrube

werfen?" forschte das Weib. Der Prinz sagte: „Ich nahm einen schönen Hirten an; er sagte, daß seine Schwester noch schöner sei und ich wollte sie zur Braut haben. Da ging er und holte sie, aber sie ist häßlich und darum ließ ich den Lügner bestrafen, aber mein Wort wollte ich nicht brechen und heirathete darum die häßliche." Da sprach das kluge Weib: „Es ist gar nicht seine Schwester; die ist im Meer; sie hat dir auch ein Tuch gesendet, damit du dich ihres Bruders erbarmen möchtest. Deine Frau ist aber die Syöjätär."

Auf diese Nachricht dachte der Prinz den ganzen Tag lang der Sache nach, bis es wieder Nacht wurde.

Unterdessen bittet das Mädchen im Meer wieder den Seegott um die Erlaubniß an's Land zu gehen und dem Prinzen ihre zweite Gabe, ein gehäkeltes Hemd zu bringen. Um Mitternacht legte man ihr die silberne Kette an und mit großem Gebrause steigt der Kryſtallpalast in die Höhe; rothe Seeschlangen züngeln hin und wieder im mondglän= zenden Meer, und die silberne Kette klingelt, daß man es schon auf fünf Büchsenschußweiten hören kann.

Aber auf dem Damm stand Pilka schon mit einer auf= gehobenen Pfote und wartete und winselte und bellte vor Freuden. Da stieg das Mädchen an's Land und sang:

> „Piili, Piili, Pilkaseini!
> „Oeffne Thüren, wälze Pforten,
> „Daß es niemand hört noch siehet,
> „Daß die Pforten nur nicht knarren,
> „Daß die Thüren nur nicht klirren,
> „Und die schwarze Kuh nichts wiſſe.

"Bringe dem Prinzen dies Hemd." Pilka richtete alles pünktlich aus. Am Morgen fragte der Prinz: "Wer hat mir dieses Hemd gebracht?" — "O gnädiger Herr und Gemahl," sprach Syöjätär, "selbst schlief ich, aber meine Hände arbeiteten, sie nähen während wir schlafen." Aber der Prinz glaubte es ihr jetzt gar nicht. Darüber kamen die Diener und sprachen: "O gnädiger Königs=Sohn, der Mann stirbt nicht." — "So zieht ihn hervor," sagte der Prinz, legte das Hemd an, und ging wieder zur klugen Frau am Strande. "Diese Arbeit ist nicht von meiner Frau," sprach er, "ein Wunder ist es! Erst kam ein Tuch und jetzt liegt das Hemd unter meinem Kissen." — "Es ist auch ein Wunder," sagte das Weib, "daß ein junges Mädchen in der Nacht dem Meer entsteigt. Sie ist gekleidet in Silber und Gold und ist so schön, so schön, daß man es in einer Rune nicht singen und in einer Rede nicht sagen kann. Jedesmal bringt sie eine wunderbare Gabe. Sieh das ist deine wirkliche Braut, deine Frau ist die Syöjätär." — Da sprach der Prinz: "Wie kann ich das schöne Mädchen sehen und sie erlangen? O! wenn sie noch einmal heraufkommen sollte." Da sprach die kluge Wittwe: "Noch einmal wird sie kommen und die letzte Gabe bringen, dann aber muß sie zurück und den Wasserprinzen heirathen. Laßt Euch aber eine lange eiserne Kette schmieden und eine eiserne Sichel und kommt her zur Nacht, um selbst zu sehen. Kömmt das Mädchen, so schlaget schnell die Kette um sie und mit der Sichel zerschneidet alle ihre Bande. Aber laßt sie nicht entkommen; wenn sie in etwas anderes sich verwandelt, so zerstört alles, zuletzt wird sie doch wieder gezwungen sein

ihre wirkliche Gestalt anzunehmen." Also unterwies das
Weib den Prinzen.

Als die Nacht herbeigekommen war, erschien auch der
Prinz mit der eisernen Kette und der Sichel und versteckte
sich am Steindamm. Lange wartete er, aber um Mitter=
nacht fing das Geklingel von weitem schon an und vom
Meer stieg eine blühende Schönheit, so schön, so schön,
daß man es nicht singen noch sagen kann. Sie setzte sich
auf den Steindamm und sprach zu ihrem Hunde:

> „Piili, Piili, Pilkaseini!
> „Diese Gabe bringe noch,
> „Pantalous (sic!) dem Königssohne.

Als sie nun hierauf sich eben anschickte in's Meer zu=
rückzugehen, sprang der Prinz aus seinem Verstecke hervor
und wollte sie umfassen; sie aber entwich ihm. Da warf er
schnell seine Kette um sie und mit seiner Sichel zerschnitt
er ihre Bande, daß die Ketten klirrend in's Meer fuhren
und verschwanden. Sie wollte entfliehn, verwandelte sich
in eine Eidechse, dann in eine Schlange, eine Mücke,
einen Raben und in vielerlei, aber der Prinz zerstörte das
alles, bis sie endlich wieder die Menschengestalt annahm
und so schön war wie vorher. „Was wollt Ihr von mir,
Prinz," sprach sie, „Syöjätär wird mich doch verschlingen."
— „Sei nicht bange," sprach der Prinz, „lange wird sie nicht
mehr in meinem Schlosse wohnen. Morgen kommst du
auf's Schloß zu deinem einzigen Bruder, der schon frei ist,
bleibe diese Nacht noch hier bei der klugen Wittwe."

Am Morgen sprach Syöjätär: „Wo ist mein Gemahl
über Nacht gewesen, daß Niemand es im Schlosse hat sagen

können?" — „Sei nicht ungeduldig," sprach der Prinz, „ich
verlasse dich nicht mehr auf lange." — Aber zu seinen
Dienern sprach er: „Heizet die eiserne Badestube, grabet
neben die Schwelle eine drei Faden tiefe Grube, füllt sie
mit Feuer und Pech, deckt sie mit etwas Erde zu, legt ein
blaues Tuch darüber, und laßt meine Frau auf diesem
Wege in die Badestube gehen." Die Diener aber erfüllten
pünktlich das Gebot ihres Herrn. Als nun Syöjätär kam,
wurde sie am Arm geführt und die Schleppe wurde von
einem Diener getragen, wie es der einzigen Gemahlinn
eines Königsohnes geziemet. „Jetzt brauche ich nicht mehr
eure Dienste," sprach sie, „hier springe ich auf die Schwelle
und von dort auf die Badeflur." Aber die Diener sprachen:
„Trete doch des Königsohnes einzige Gemahlinn auf dem
blauen Tuche einher!" Die hoffärtige Syöjätär trat auf das
Tuch, aber es wich unter ihr und sie versank in die Grube
in brennendes Pech. Aber noch im Feuer riß sie sich ihr
Haar aus und rief: „Mögen denn meine Haare zu Schlangen
werden, zu unterirdischen Würmern, um die Menschen
ewig zu plagen!"

Nun holte der Prinz seine schöne Braut ab und machte
einen feierlichen Einzug. Er trug das wunderbare Hemd
und die bemerkenswerthen Pantalons und hatte das kost=
bare Tuch um den Hals gebunden, so daß es herrlich an=
zuschauen war, die schöne Braut aber war in Silber und
Gold gekleidet; der Bruder wurde nun der zweite Mann im
Reich und der kluge Hund Pilka wurde in einem besonde=
ren Wagen gefahren.

III.

Der vigilante Jäger.

Lippo, ein kluger und vigilanter Jäger, ging einst mit zwei Gefährten auf die Rennthierjagd. Sie flogen gleichsam über die singende Schneedecke dahin auf ihren Schneeschuhen, der kurze Tag neigte sich, zwei leuchtende Bogen standen rechts und links von der Sonne, die blanken Hörner des Stiers; ihre Mitte aber war so spiegelblank, daß sich der Sonne Weib Paiwätär darin beschaute. Da aber stand Hao auf, der Abendstern und der goldene Stier stieg in's Meer. Nacht war es und die Jäger traten in eine verlassene Waldhütte. — Am anderen Morgen sprangen sie auf und schüttelten den Frost aus ihren Gliedern, den der finstere Hyytämoinen auf dem Nordroß reitend in die Hütte geschleudert hatte, und traten hinaus. Da war frischer Schnee gefallen, und Lippo, der vigilante Jäger, sprach: „Schaut, Pakkanen hat seinen silbernen Bart gekämmt, das kündet uns einen glücklichen Tag; heute muß ich Wildpret haben, ein Stück für den einen Schneeschuh, ein zweites für den anderen Schuh und ein drittes für meinen

Schneestock." Kaum waren sie etwas gelaufen, als sie auch
schon im frischgefallenen Schnee die Spuren von drei
Rennthieren erblickten. Diesen folgten sie und fanden auch
die Thiere, zwei hielten bei einander, das dritte stand etwas
weiter. Da sprach Lippo, der vigilante Jäger: „Kameraden,
bemüht euch um die zwei geselligen, sie sind für euch hin=
gestellt, ich werde das dritte jagen." Also trennten sie sich
und Lippo, der vigilante Jäger, verfolgte das Thier den
ganzen Tag und konnte es doch nimmer erjagen. Endlich
erblickte er ein altes, wunderliches Haus im Walde, wie
er nie vorher eins gesehen hatte, aufgethürmt aus mächti=
gen Felsen und ausgerissenen Mastbäumen; in den Hof
des Hauses lief das Rennthier hinein und Lippo lief ihm
nach. Auf dem Hofe aber stand der Herr vom Hause und
es war Niemand anders als Tapio der Gott des tiefen
Waldes, wo das Schweigen herrscht und die ewige Ruhe.
Er war wie ein alter Mann, aber stark noch anzuschauen,
sein Bart und Haupthaar glichen dem Tannenmoos. —
„Oho!" sprach er, „wer hat heute mein Pferd geritten, so
daß es von Schweiß trieft?" — Lippo grüßte den Alten
und sprach: „Ich war es, Lippo, genannt der vigilante
Jäger; ich habe es gejagt von dem Augenblick an als Pai=
wätär den Sonnenstier auf die Weide trieb, bis zu diesem
Augenblick, wo er herabsteigt, um aus des Meeres silber=
nen Gewässern zu trinken, aber ich habe das Thier nicht
erjagen können." — „Nun," sprach Tapio, dem der vigilante
Jäger gefiel, „da du einmal den ganzen Tag mit meinem
Pferde gefahren bist, so bleibe auch in meinem Hause über
Nacht." Sie traten jetzt in Tapiola ein und Lippo erstaunte

über die unzählige Menge von Wild; da waren Renn=
thiere, Bären, Hirsche, Rehe, Auerhähne und allerlei
Wildpret. Tapio bewirthete seinen Gast mit Abendbrod
und wies ihm mit großer Gastfreiheit das größte Bärenfell
zum Nachtlager an. Am Morgen wollte Lippo heimkeh=
ren, aber er konnte seine Schneeschuhe nicht finden. Er
befragte Tapio, ob er nicht wüßte, wo seine Schneeschuhe
wären, da sprach der Waldgott: „Willst du nicht hier
bleiben und mein Eidam werden? Ich habe nur Eine
Tochter." — „Sehr gern," antwortete Lippo, „aber ich bin
arm." — „Die Armuth ist kein Fehler," sprach Tapio, „bei
uns hast du alles, was du wünschest." — Also heirathete
Lippo Tapio's einzige Tochter Annikka und blieb als Eidam
des Alten in Tapiola.

Da aber drei Jahre schon vorüber waren und dreimal
der Kranich über die Wipfel der Tannen nach Süden ge=
zogen war, ward Lippo, dem vigilanten Jäger, allgemach
weh um's Herz und er wünschte seine Heimath zu besuchen.
Da sprach Tapio: „Wenn du mir Schneeschuhe machst nach
meinem Sinn, so kannst du reisen." Lippo ging in den
Wald und begann die Arbeit. Da sang vom Ast ein
kleiner Vogel:

> „Lasse unten einen Ast stehn
> „Unter Tapio's Fußestapfen.

Lippo aber warf ein Stück Holz nach dem Vogel und rief:
„Was Henker, kommst du noch zu pfeifen her?" — Er
machte die Schneeschuh auf's beste und brachte sie dem
alten Tapio, der probirte sie an, aber sagte: „Das sind
nicht meine Schuh!"

Da ging Lippo am zweiten Tag wieder in den Wald und fing an andere Schuhe zu machen. Und wieder kam der Vogel und sang:

> „Lasse unten einen Ast stehn
> „Unter Tapio's Fußestapfen.

„Bist du wieder hier um zu schwatzen!" rief Lippo ganz ärgerlich und warf wieder nach dem Vogel, denn er verstand es nicht, nach des Vogels Unterweisung zu arbeiten. Am Abend brachte er die neuen Schuh an Tapio. Der aber sprach: „Das sind nicht meine Schuh!"

Da ging Lippo den dritten Tag zur Arbeit und wollte versuchen, ob er es jetzt nicht träfe. Und wiederum flog der kleine Vogel herbei und rief:

> „Lasse unten einen Ast stehn
> „Unter Tapio's Fußestapfen.

Nun fing Lippo, der vigilante Jäger, an nachzudenken und sagte bei sich: „Umsonst wird der Vogel es wohl nicht singen;" also machte er die Sohlen der Schneeschuh dieses mal nicht überall glatt, sondern ließ in der Mitte einen kleinen Asttheil stehen, und legte darüber die Fußstelle an. Als Tapio diese Schuhe anprobirte, rief er aus: „Siehe, das sind ja meine Schuh;" und sogleich schickte er sich an, seinen Eidam in die Heimath zu geleiten und sprach zu ihm also: „Wenn ich vorangleite, so folge du mit Weib und Kind immer meiner Spur und übernachte, wo du eine schöne Stelle findest. Aber mache die Hütte dicht, damit die Sterne vom Himmel nicht durchscheinen."

Und als Tapio so gesprochen, stellte er sich auf die Schneeschuh und glitt gewaltig hin durch den Urwald und

war bald verschwunden. Da nahm nun Lippo sein Weib,
die schöne Waldgöttin Annikka, und seinen kleinen Sohn,
setzte sie in einen Ahkio, d. h. in einen Lappländischen
Schlitten, und fuhr immer den Spuren Tapio's nach, die
er mit seinen ästigen Schneeschuhen in den Schnee gekratzt
hatte. Spät Abends fand man die erste schöne Stelle, und
ein gebratener Hirsch lag fertig zum Abendbrod. Sie
machten sich zur Nacht eine Hütte aus Fichtenzweigen gut
und stark, zogen die Ahkio mit dem Kinde hinein, ruheten
die Nacht, nahmen Hirschfleisch mit und fuhren am däm-
mernden Morgen weiter. Und als der letzte Glühschein am
Abendhimmel erblaßt war und die Gestirne aus der Ferne
herbeitraten, da fanden sie die zweite schöne Stelle und ein
Lager mit einem gebratenen Hirsch an den glimmenden
Kohlen. Sie machten sich wiederum eine dichte Hütte aus
Zweigen, damit der Mond nicht herein schiene und die
Sterne nicht durchblickten, zogen die Ahkio mit dem Kinde
in die Hütte und ruheten die Nacht. Am andern Morgen
noch früher als Paiwätär mit dem rothen Bande erschienen
war, den Sonnenstier auf die Weide zu geleiten, fuhren
sie Tapio's Spuren nach und fanden erst am Abend die
Lagerstelle und einen gebratenen Auerhahn. „Seht," sprach
Lippo, „einen Auerhahn nur hat der Vater uns hinter-
lassen, nun so muß die Heimath wohl nah sein." Voller
Unruhe und Freude machte er die Hütte nur undicht, zog
die Ahkio hinein und legte sich schlafen. Aber der Himmel
wurde in der Nacht sehr hell, von allen Seiten zogen die
Sternbilder herein und schauten durch die Lücken. Und
was geschah? — Als Lippo am Morgen erwachte, war

seine Frau, die Waldgöttin Annikka, verschwunden. — Sie hatte den bittenden Augen der Gestirne nicht wider= stehen können; die Geister des Waldes und der Lüfte zogen sie hinan von dem sterblichen Manne zurück zu Ihres= gleichen. — Lippo ging hinaus: auch die Spuren Tapio's

waren verschwunden und Lippo war plötzlich nicht mehr der vigilante Jäger. Er setzte sich mit verwirrtem Sinn und trübem Auge vor die Hütte und sah gleichgültig einen Hirsch vorüberlaufen. Der Tag verging; alles blieb einsam und die Nacht kam heran. Am Morgen fand er einen gebratenen Auerhahn am Feuer, er sättigte sich und seinen kleinen Sohn und setzte sich dann traurig vor die Hütte. Und wieder lief ein Hirsch vorbei. So lebte Lippo wie im Traume in der Tannenhütte und Jahre schwanden darüber hin. Alle Morgen stand seine Speise fertig da und täglich lief ein Hirsch vorbei. Das war Annikka, die sich verwandelt hatte, um ihrem früheren Mann Speise zu bringen und ihr Kind zu sehn. Und immer hatte der Hirsch Thränen im Auge, und blickte mit Trauer auf die beiden Einsiedler. Endlich wuchs der Sohn heran und wurde nachdenkend und klug. Er machte sich aus einem hohlen Rohr ein Fernrohr, sah sich um und sagte: „Vater, wir sind nicht weit von deiner Heimath. Ich sehe einen Zaun, wie du sagst, daß Menschen ihn flechten." Und so nahm der Sohn seinen Vater und führte ihn in die Heimath.

Von diesem Sohne Annikka's, der Waldgöttin, und Lippo's, des vigilanten Jägers, haben die Lappländer ihren Anfang bekommen und sind geborene Hexenmeister und gewaltige Zauberer.

Finnische Sprichwörter.

Finnische Sprichwörter.

In dem Hause lebt man nicht gut,
Wo das Kind Aeltestes ist.

————

Des Armen Klete ist voll — bis zur Schwelle.

————

Der Mann, der sich mit Weibern zankt,
Dem muß die Zunge nicht mit Grütze verbrannt sein.

————

Wer in Trauer versenkt ist,
Denkt nicht an Honigkochen.

————

Ein Schmied taugt nicht zum Schulmeister.

————

Der bessert sich nicht, der sich nie betrübt.

————

In einem Siebe wächst es nicht zu Hunderten.

————

Selig ist das Weib zu Hause,
Der arme Mann auf Reisen.

————

Schone auch ein gutes Pferd.

————

Den Dieb schont man nicht.

————

Ein Blinder kann nicht den Blinden leiten.

————

Das Gerücht fliegt nicht ohne Flügel.

———

Der ist noch kein kluger Mann, der Geld erwirbt,
Aber der ist's, der es zu behalten weiß.

———

Der ist nicht in Noth gewesen,
Der den Andern nicht hilft.

———

Nicht entgehet dem Tode,
Wer der Geburt nicht entgangen ist.

———

Wer ein halbes Wort nicht verstehet,
Der wird auch von einem ganzen nicht weise.

———

Der Vogel fliegt nicht zu hoch,
Dessen Flügel beschnitten sind.

———

Der Sommer währt nicht immer.

———

Das Feuer läßt nichts nach.

———

Die Nase muß man nicht in alles stecken.

———

Sogar die Milch schmeckt nicht dem erzürnten Mann.

———

Verkaufe nicht den Bär, ehe du ihn erwürgt hast.

———

Den Wolf tödtet man nicht mit einer Stecknadel.

———

Der Hirt hat keinen Sonntag,
Die Waise keinen Feiertag.

———

Fremde Klugheit bleibt nicht im Kopfe,
Herbei getragenes Wasser nicht im Brunnen.

———

Die Katze läßt man nicht die Wurst hüten.

———

Der Pastor ißt nicht viel, aber seine Kinder.

———

Dem Pastor mangelt's nicht an Worten,
Eher noch an Geld — dem Kaiser.
     (d. h. Worte kann man ohne Ende machen.)

———

Schüttele nicht das Verfaulte,
Necke nicht den Verrückten.

———

Mädchenehre duldet nicht schlechte Worte,
Das Brod keinen Staub.

———

Hitze taugt nicht in Geschäften.

———

Der Reine braucht sich nicht zu waschen.
     (Qui s'excuse, s'accuse.)

———

Der Baum fällt nicht auf einen Hieb.

———

Es ist kein Tag so lang, daß der Abend nicht kömmt.

———

Von oben nimmt man nicht, was übrig bleibt.
     (Bescheid für den Borger.)

———

Verstand verwundet nicht den Kopf des Mannes.
     (als Inhalt.)

———

Die Gekrönten pflügen nicht das Feld.

———

Auch scherzend kann man die halbe Wahrheit sagen.

———

Der Hungrige schläft nicht,
Der Traurige lacht nicht.

———

Ein Mädchen hüte sich,
Mit Herren Beeren zu pflücken.

———

Es giebt kein Geschäft in der Klete,
Und keinen Weg in die Rige,
Wenn das Mehl noch im Morast liegt,
Das Brod auf dem Hügel im Tann.
    (d. h. Sprecht nicht von Dingen, die noch nicht da sind.)

Dem Diebe glaubt man nicht
Auch auf seinen Eid.

Nicht beides zugleich,
Gut und schnell.

Das nasse Feld braucht kein Wasser.
        (Der Weinende keine Schelte.)

Das Mädchen giebt man nicht für die Kopfsteuer.

So lange ist nicht große Noth,
Als man noch einen Rath hat.

Niemand ist so arm, daß er nicht helfen könnte,
Niemand so reich, daß er nicht Hülfe brauchte.

Den Mann beurtheilt man nicht
Nach seinem Rocke.

Der Tod ist keine Kirchmesse,
Und das Hinscheiden kein Spiel.

Der Hahn singt nicht auf Befehl.

Der Hahn hat Lieder genug.

Die Falschheit hilft nicht auf lange.

Einem geschenkten Pferde sieht man nicht in den Mund.

Schönheit legt man nicht in den Kessel.
(Von Schönheit wird man nicht satt.)

Verstand legt man nicht in den Kopf.

Niemand stirbt zweimal.

Des Sommers Laub erhält sich nicht in den Herbststürmen,
Die zarte Blume nicht im Winter.

Die trockene Kehle hat keinen Laut.

Niemand wird geboren mit der Art in der Hand.
(Die Bestimmung wird nicht angeboren.)

Sogar der Mond scheint nicht eher, als bis er aufgeht.

Der Fuchs stirbt nicht im Sommer,
Wenn er im Winter nicht getödtet wird.
(Was heute nicht geschieht, ist morgen darum noch nicht gethan.)

Mit Spielen bekömmt man kein Brod,
Mit Narretheidung keine Kleider.

Der, welcher fraget, verirrt sich nicht.

Dem Befehlenden mangelt's an Kräften nicht,
Und dem Vorgenden kein Geld.
(d. h. Mit fremden Kräften und fremdem Gelde geht man nicht haus-
hälterisch um.)

Dem Kinde keinen Branntwein,
Dem Füllen keinen Haber.

Das Kind kennt nicht die Obrigkeit,
Das Weib nicht die Gesetze.

Auf dem rollenden Stein wächst kein Moos.

Von einer kalten Kohle bekömmt man kein Feuer.

Der Vogel fliegt nicht eher,
Als bis die Flügel ihm gewachsen sind.

Der Vogel fliegt nicht höher,
Als die Flügel ihn tragen.

Den Vogel schießt man nicht wegen seiner Federn.

Der Schlaf endiget nicht mit schlafen,
Und die Arbeit nicht mit arbeiten.

Vermuthung ist nicht Gewißheit.

Sogar die Schlange gehet dem Schlafenden vorbei.

Schlafend bearbeitet man nicht sein Land,
Sitzend nicht die Felder des Vaters.

Du kannst deinen Werth insehen,
Aber ehre auch einen andern.

Die Geschäfte sind so, wie man sie treibt,
Die Gesetze so, wie man sie liest.

Zart sind des Faulen Hände.

Der Verzagte flieht in den Wald,
Der Tapfere bleibet zu Hause.

Leih deine Feder aus,
So schreibst du selbst mit dem Finger.

Gegeben ist ein versprochenes Geschenk.
(Sein Versprechen muß man nicht brechen.)

Der Gute giebt von seinem Wenigen,
Der Schlechte nicht von seinem Vielen.

Laß Gott den Abend kommen,
Ohne daß man seiner erwähne!
(weil im fröhlich verlebten Tage der Abend plötzlich da ist.)

Gieb der Katze alles, wornach sie miauet,
Und sieh auf alles, worauf der Hund bellt.

Gieb dem Hunde Fleisch,
Und du bekömmst die Beine zurück.

Der Morgen ist klüger als der Abend.

Der Morgen verlängert den Tag.

Der Geiz betrügt die Ehre,
Und verwirrt auch den Klugen.

Die Zeit verändert sich,
Der Mensch mit der Zeit.

Das ist eine schlechte Zeit,
Wenn der Pastor rudert.

Die Zeit bringt Reichthum,
Die Zeit bringt ein stilles Wasser.
(in dem besser zu rudern ist.)

Die Zeit ist älter als die Alten,
Die Luft größer als die Großen.

Früh in die Kirche,
Spät zum Gericht.

———

Der Fisch ist immer im Wasser,
Obgleich nicht immer im Netze.

———

Der Fleißige hat immer Zeit genug,
Der Faule immer Eile.

———

Das Neue ist immer angenehmer,
Wenn auch das Alte besser ist.

———

Arbeite zur rechten Zeit,
Und belustige dich zur passenden Zeit.

———

Der Mensch sorgt für seine Kleider,
Und Gott für sein Essen.

———

Nieder blickt der Gast,
Höheres aber erwartet er.

———

Froh ist die schlecht Angezogene,
Aber nicht immer die Ausgezierte.

———

Gieb dem Geizigen solange er verlangt,
Dem Hunde solange er sieht.
(Beide sind nimmersatt.)

———

Barmherziger Gott! Gieb dem Manne so viel Verstand,
daß er nicht morgen bereut, was er gestern that.

———

Alle taugen nicht zum Herrschen.

———

Stecke nicht alles in den Mund, was das Auge sieht.

———

Alle Reden halten sich nicht auf dem Wasser.

Ein Mann hat nicht allen Verstand.

Laufend — reiset man nicht.

Alle haben nicht denselben Geschmack.

Auch die Wahrheit kann man nicht immer sagen.

Alle Schuhe werden nicht auf eine Art gemacht.

Das Küchlein wird nicht verdorben im Feuer.
            (Strenge gegen Kinder thut gut.)

Den Bären peitschet man nicht mit Ruthen.

Alle Qualen werden nicht gewogen.

Den Fisch bekömmt man nicht mit trockenen Füßen.

Reich wird man nicht dadurch, daß man viel bekömmt,
aber durch Sparsamkeit.

Der eben Geborene siehet nicht auf die Stelle,
Der Sterbende wählt nicht den Ort.

Auf dem Meere giebt es keinen Herrn.

Die Narren säet und pflüget man nicht,
Sie wachsen von selbst.

Schreien hilft nicht aus der Noth,
Das Brummen nicht in traurigen Tagen.

Ein gutes Wort verwundet nicht.

Auch ein geschickter Arzt heilt nicht alle Wunden.

Ein schlechter Mensch schämt sich nicht,
Der Hund hat kein Ehrgefühl.

Der Erschrockene kann sich nicht wehren.

Das lange Leben giebt keinen Verstand,
Wenn Gott ihn nicht giebt.

Nicht auf jeder Tanne sitzt ein Eichhorn.

Verstand braucht man in Geschäften,
Und zum Tanze Musik.

Der Mann geht in Geschäften vom Hause,
Die Frau um zu schmausen.

Zum Glücke stirbt das Weib,
Zum Unglücke das Pferd.

Garzu glücklich ist das Mädchen.

Glücklich ist der Wirthinn Gast,
Dreist tritt er hervor,
Der Gast des Wirthen bleibt an der Thür.

Vor uns steht der gestrige Tag.

Der Abend versammelt die Heerde,
Die Nacht eine schlechte Familie.

Der Faule zur Arbeit,
Der Hahn auf den Hahnebalken.

Dem Verrückten giebt man keinen Degen.

Springe nicht eher als bis der Bach kommt.

Aberglaube ist nicht Wissenschaft.

Die Gewohnheit bleibt nicht in der Stube,
Die Wissenschaft haftet nicht an der Thür.

Aus der Krankheit trägt dich nicht dein Fuß.

Bunt ist der Vogel im Walde,
Das Leben des Menschen noch bunter.

Es ist kein Vortheil Aehren zu sammeln,
Und kein Schaden Gäste zu bewirthen.

Das Lamm versteht sich nicht auf Farben.

Was das Auge nicht sieht, wünscht auch das Herz nicht.

Im Kriege sieht man nicht auf's Gesicht.

Die Kriege sind nicht ohne Neuigkeiten,
Die Stürme nicht ohne Vorfälle.

Die Morasttanne taugt nicht zum Gefährten der Hügelfichte.

Der Wolf weint nicht über den Tod des Hundes.

Der Wolf rührt nicht die Steine an,
Der Bär zerreißt nicht den Felsen.

Der Wolf schämt sich nicht seiner Augen.

Die Großen dulden nicht viel.

Im tiefen Brunnen ist kein Mangel an Wasser.

Der Verstorbene bedarf keines Wächters.

Die Stimme der Mücke reicht nicht bis zum Himmel.

Des Winters Schnee zerrinnt nicht zum Himmel.

Der Winter vergehet nicht ohne sich umzusehen.

Der Arme bedarf wenig für sein Leben,
Den Weg vor sich und den Stock in der Hand.

Der Tapfere zittert nicht,
Der Feste wankt nicht.

Die Krähe verkündigt keinen Sommer.

Das Alter kömmt nicht ohne Gefährten.

Die Krähe stirbt nicht mit Fluchen,
Die Dohle nicht mit trockenen Worten.

Das Wasser bleibt nicht in der Hand,
Der Verstand nicht im Kopfe des Dummen.

Zankend läßt man sich nicht trauen.

Mit Gewalt kriegt man keinen Eidam,
Gegen den Willen keinen Freund.

Man betrübt sich nicht um das Wenige,
Aber über das ungleich Getheilte.

Mit dem Besmen wägt man nicht die Stärke,
Mit dem Löffel mißt man nicht den Verstand.

Der Sperling hat nicht die Gewalt des Ochsen.

———

Das Füllen weiß nicht den Weg,
Ehe man es auf den Weg leitet.

———

Den Ochsen faßt man beim Horn,
Den Mann beim Worte.

———

Der Schlaf bespricht sich nicht mit dem Betrübten.

———

Table nicht das Alte,
Ehe du das Neue kennst.

———

Mache nicht eher den Stall,
Ehe du ein Pferd hast.

———

Weine und klage nicht ohne Ursache,
Beides kannst du noch mit allem Rechte thun.

———

Laufe nicht mit Kälbern um die Wette.

———

Rühre nicht an des Hundes Strick,
Auch da kann er dich beißen.

———

Betrübe nicht den Betrübten,
Zerreiße nicht des Traurigen Herz.
Schon ist sein Sinn genug betrübt,
Schon ist sein Herz genug zerschmettert.

———

Traue nicht der Morgenröthe.

———

Uebersieh' auch das Wenige nicht.

———

4*

Den gestrigen Tag haben wir überlebt,
Den heutigen bis auf jetzt,
Für den morgenden sorgt der liebe Gott.

———

Wir leben wie wir können,
Nicht so wie wir wollen.

———

Liebes Mädchen! Denke nicht an den Degenträger, die Sorgen sind seine Stube, die Degenscheide seine Vorstube.

———

Der Mensch denkt zu leben, wenn er auch den Tod schon
vor dem Munde hat.

———

Ein jeder Vogel lebt nach seiner Art.

———

Die Obrigkeit ist der Unterthanen Spiegel.

———

Der Lebende steht vor sich,
Der Verstorbene hinter sich.

Suche das Gute, wie der Fisch die Tiefe.

Sprich auf dem Meere
Oder auf dem Lande,
Beide haben Ohren.

Gesprochene Worte klingen liebreicher,
Die besuchten Länder scheinen angenehmer.

———

Die Abschiedsstunden sind die feierlichsten.

Sprich mit dem Verrückten,
So kriegst du deine Gewohnheiten zu hören.

Hinderlich sind die Felsen im Meere,
Und der Arme auf dem Wege des Reichen.

———

Das Füllen laufe nicht vor seiner Mutter.

———

Lebe nicht nach des Narren Sinn,
Sei selbst klüger.

———

Sei nicht wie ein Bär,
Sei wie ein gezügeltes Pferd.

———

Die Lebensart richtet sich nach dem Vortheile,
Das Rudern nach dem Wasser.

———

Die Raupe lebt auch zwischen der Baumrinde.

———

Die Tochter hat die Gewohnheiten ihrer Mutter,
Der Sohn die Wohnung des Vaters.

———

Ich bücke mich nicht vor der Tanne,
Senke das Haupt nicht vor der Fichte.
            (Deutet auf heidnischen Gebrauch.)

Ich gehöre nicht zu des Wahrsagers Geschlecht,
Ich bin kein Lappen = Kind.

———

Eher stillt Gott den Sturm,
Als der Mensch seinen Zorn.

———

Eher mangelt's dem Walde an Bäumen,
Und dem Felde an Steinen eher,
Als Runen mangelten dem guten Sänger.

———

Eher kriegst du vom Steine eine Zunge,
Als von dem Bösen ein gutes Wort.

———

Lieber eine Werst länger,
Als eine Spanne Gefahr.

———

Die Zähne sind des Hundes Degen.

———

Die Krähe wollte man schießen,
Die Gefahr traf die Elster.

———

Auch der schlechte Hund bellt
In des guten Hundes Strick.

———

Wo ein Hahn ist, da ist auch ein Haus,
Der Hund bellet auch im Walde.

———

Das Leben ist theurer als Gold.

———

An der Krone erkennt man den Kaiser.

———

Sogar das Pferd ruhet, wenn es den Weg durchlaufen hat.

———

Das Pferd gehört dem Manne,
Die Wirthschaft dem Weibe.

———

Der Tolle erzählt dem Unbekannten seine Sorgen.

———

Wenn der Baum gefällt ist,
Fehlt es nicht an Nehmern.

———

Der Dumme gafft noch,
Wenn der Kluge schon geht.

———

Der Tolle arbeitet viel,
Der Kluge lebt mit weniger Mühe.

———

Der Tolle spricht lange,
Der Kluge denkt lange.

———

Der Verrückte ißt das Saatkorn,
Der Dumme verkauft sein Land.

Der Tolle schilt den Gutherzigen
Und zankt mit dem Stillen.

Es ist gut eines Mannes Braut zu sein,
Aber schlecht und gefährlich
Mehr als einen Bräutigam zu haben.

Dem geschickten Mann paßt es gut zu singen.

Für ein Mädchen schickt es sich besser still zu sein.

Gut ist es im Mondenschein
Allein die Ruder zu führen.

Ein gutes Lied, eine schöne Stimme,
Aber der Sänger noch besser.

Der Dieb hat ein einträgliches Geschäft,
Aber gefährlich für seinen Kopf.

Auch der Tolle sieht das Gute,
Auch der Blinde schmeckt das Süße.

Ein Mann ohne Weib
Ist auch ohne Sorgen.

Auch die Krähe fliegt gegen den Wind.

Schnell vergeht die Zeit beim Freunde.

Der Monat April befreit das Land vom Schnee und das
Wasser vom Eise.

Eine gute Zunge ist besser
Als zehn Maaß Getreide.

———

Ein gutes Kind bringt selbst die Ruthe, ein schlechtes ver=
besfert sich nicht durch die Ruthe.

———

Es ist immer gut eine Hausfrau zu haben, würde sie auch
nur Wasser kochen.

———

Gut ist's redlich zu leben,
Schön mit Ehren zu sterben.

———

Auch der Schlechte taugt in der Gefahr.

———

Die Noth lehrt den Lappländer schießen.

———

Im Erschrockenen findest du den Tollen.

———

Den Vogel kennt man an seinen Federn,
Den Mann an seinen Sitten.

———

Der Mensch hat nur ein Leben,
Aber viele Zeiten.

———

Der freudenlose Abend ist lang.

———

Lobe den Tag am Abend,
Und den Buben, wenn er einen Bart hat.

———

Zur Freude ist der Kukkuk im Walde,
Das kleine Kind auf der Diele.

———

Der Reiche spricht sitzend.

———

Wie die Wirthinn, so die Kuh.

———

Der Wirth ist immer Wirth,
Wenn auch eine Erle,
Der Knecht ist immer Knecht,
Wenn auch eine Eiche.

———

Der vernünftige Mann regiert seine Frau.

———

Meine Verwandten können laufen wie die Wölfe, meine
      Schwäger hüten die Schafe, selbst bin ich ein Mann.

———

Laß den Mann trinken,
So zeigt er sein Gemüth.

———

Man läßt oft die guten Mädchen,
Und heirathet die schlechten.

———

Zwei haben das Geschäft,
Der dritte * bekömmt die Ohrfeige.
          (* Der Horcher.)

———

Zweimal heirathet der Bedauernswerthe,
Dreimal der vom harten Schicksale Verfolgte.

Alles paßt in des Sängers Lied.

Alle Männer sind tapfer beim Biere,
Aber nicht alle in der Noth.

Der Hanf hat zwei Aehren,
Das Mädchen nur eine.

———

Zwei Augen hat der Gast,
Der Kommissär aber hat drei.

———

Wenn der Rock sprechen würde,
Und das flachsene Hemd eine Zunge hätte,
So würde man nicht glauben vielen Männern,
Nicht trauen manchem Mädchen.

Wo das Rennthier sich wälzt,
Da bleibt das Haar.

Von wem man viel spricht, den schätzt man.

Der Fluß enthält allerlei,
In Gesellschaften spricht man mancherlei.
(Ausweichende Antwort für Neugierige, die wissen wollen, was man
gehört hat.)

Weihnachten ist das höchste Fest,
Der Pastor der beste unter den Gästen.

Wer die Gabe verschmähet, verachtet den Geber.

Hilf Gott allen Reisenden, die Schenkengänger ausge=
nommen.

Gott hat die Zügeln des Verhängnisses,
Und die Schlüssel zum Glücke.
Nicht sind sie unter des Neiders Arm,
Noch zwischen den Fingern des Böses Wünschenden.

Der Wolf lief mit deinen Strümpfen,
Der Fuchs nahm deine Schuhe.

Wer viel verspricht, hält wenig.

Wir haben alle Tage Weihnachten,
Jeden zweiten Tag Ostern.

Wer vor dem Wolfe fliehet,
Dem begegnet der Bär.

———

Die als Mädchen zankt,
Die schlägt als Frau.

———

Wer einen breiten Mund hat,
Muß auch einen breiten Rücken haben.

Was du willst kund werden lassen,
Vertraue einem Weibe.

———

Es giebt wohl Hunde,
Es giebt aber auch Stöcke.

———

Wenn der Baum verfault,
So hält der Ast.

———

Wer ohne Ursache bös wird,
Wird auch gut ohne eine Gabe.

———

Wen man einmal bemerkt,
An den denkt man immer.

———

Wer beim stillen Wetter schläft,
Der muß im Sturme rudern.

———

Jede Zeit hat ihre Art, sagte der Schafbock, als man ihm
den Hals abschnitt.

———

Die Zunge vereinigt die Völker.

Wäre der Rabe Richter, so würde Niemand mit einem
Pferde fahren.

———

Er verläßt sich wie der Ziegenbock
Auf seine großen Hörner.

———

Die Brust schützt den Helden,
Die Füße den Hasen.

———

Erst nachher wird der Schwede klug.

———

Wer die Katze lobt, der hat kein anderes Thier.

———

Ein Wort hilft, ein Wort stürzt.

Was die Mutter singt, das lallt das Kind.

Manches Mädchen würde man heirathen,
Wenn der Rock ihre Sitten erzählte.

Manches Mädchen wünscht sich wieder zurück in das väter=
liche Haus neben die zärtliche Mutter.

Das fremde Land ist eine Schwarzbeere,
Das eigene Land eine Erdbeere.

Die Mühlen gehen mit der Sonne,
Die Weiber sogar wider die Ströme.

Man liebt das Weib
Und beweint die Verstorbene
Beides ein Jahr lang.

———

Wie man ruft, so antwortet der Wald.

So mein Bruder mich verließ,
Wie ein Fisch das steinige Ufer.
So die Schwester mich verließ,
Wie das Eichhorn die trockene Tanne.

So die Mutter mich verließ,
Wie ihr schlechtes Spinnrad.
So mein Vater mich verließ,
Wie den schiefen Stiel die Axt.

Ein Mädchen bei ihrem Vater
Gleicht dem Kaiser in seinem Schlosse,
Nur der Degen fehlt.

Heiter lebte ich früher,
Wie die Sonne im Sommer aufgeht;
So ist mein Leben jetzt
Wie eine dunkle Wolke am Herbstabend.

Wie die Wellen sich bewegen,
So sind des jungen Mannes Gedanken.

Das besingt der Kluge,
Was der Dumme nicht einmal bemerkt.

Beim Angeln muß man auf den Fisch warten.

Gut ist der große Bär gemacht,
Weise der Himmel geschrieben.

Auch ich wäre ein Mann,
Wenn ich eines Reichen Sohn wäre.

Sei ein Mann unter den Männern,
Ein lauter Mund unter Hunden.

Der Mann hat Zeit genug
Sich eine Frau zu erwählen.

Die Maus hat viele Kriechlöcher.

———

Auch die Herrscher haben einen Herrscher,
Und über den starken Wainemoinen
Herrscht Jumala.

———

Unglücklich ist das Land,
Wo ein Kind regiert.

———

Glück zur neuen Stube,
Das gute Jahr zu Gast,
Kinder auf der Diele!

———

Wenige haben das Glück,
Alle haben den Sommer,
Ein jeder hat Gott.

———

Auch der Wolf lehrt seine Jungen zu heulen.

———

Um zu belehren verläßt uns das Glück,
Klug werden wir durch das Unglück.

———

Olaus kriegt etwas,
Paul ein Stück,
Und Michel gar nichts.

———

Fange den fliehenden Vogel,
Greife den Bär hinten im Felde!

———

Empfange eine Warnung zur Besserung.

———

Kaufe dir ein Messer,
Aber nimm dir eine Frau.

———

Fremde werden Verwandte
Und Gäste gute Brüder.

———

Schwer ist das Eingewurzelte auszurotten.

Schlecht ist es mit fremden Kleidern groß zu thun.

———

Schwer ist es zu dienen,
Schwer den Diener zu bezahlen.

———

Es ist schlecht, viele Töchter zu haben,
Viele Jungen aber noch schlechter;
Sie theilen die väterlichen Felder und Wiesen in kleine Stücke.

———

Schlecht ist ein beißender Hund,
Noch schlechter ein zankendes Weib.

———

Schlecht ist es, wenn eine Frau herrscht,
Gar zu toll, wenn ihrer zwei sind.

———

Es ist schwer, ein Pferd zu tränken,
Welches den Kopf nicht niederbückt.

———

Die Sonne scheint auch anderwärts,
Nicht allein auf des Vaters Fenster
Und die Thür des Bruders.

———

Spanne das Füllen an,
Zügele den Frühlingsmonat.

———

Der Mutter Ruthe ist besser
Als des Fremden Weißbrot.

———

Der Armen Ehre ist mehr werth
Als der Reichen Gold.

Es ist besser, die Kuh zu melken,
Als sie zu schlachten.

———

Besser ist im eigenen Lande
Wasser zu trinken,
Als im fremden Bier.

———

Ein leerer Beutel ist besser
Als geborgtes Geld.

———

Ein Mann im Bart
Sieht aus wie ein Bock,
Ein Mann ohne Bart
Sieht aus wie ein Pastor.

———

Aus den schwarzen Wolken regnet es nicht, sie erschrecken
nur, aber wohl aus den grauen.

———

Der Spott zerschmettert das Herz.

Lange Hände hat der Kaiser
Und starke Arme.

———

Die Mädchen müßten sich umsehn
Rechts und links,
Ehe sie den Ring annähmen.

———

Angenehm ist es, im Frieden zu leben,
Schön im Kriege zu sterben.

———

Die Reichthümer des Weibes
Bringen Hader in's Haus.

———

Der Tod faßt sein Opfer
Auch hinter einer Thüre,

Das schwere Schicksal trifft dich,
Ohne daß du es kauftest.

————

Das Wort aus dem Munde
Ist klein wie ein Hermelin,
Nachher wird es groß wie ein Ochse.

————

Wer ein übersehenes Mädchen heirathet,
Der bekömmt eine auserlesene Frau.

————

Das ist Spott, was in's Ohr einschneidet.

————

Das ist auf der Zunge, was im Sinne ist,
Das ist im Munde, was im Herzen ist.

————

Der sucht den Anderen im Ofen,
Der selbst im Ofen wohnet.

————

Der ist ein Freund,
Der in der Noth hilft.

————

Er bekömmt das, was die Maus vom Steine.

————

Darum läuft der Fuchs über dem Wege,
Weil er nicht unten durchkommen kann.

————

Darum hat der Schmied eine Zange,
Damit er sich die Finger nicht verbrennt.

————

Reines Brot (aus Roggenmehl)
Ißt der Schmied,
Aber seine Frau ißt es noch reiner.

————

Wo ich geboren bin, das weiß ich,
Auch wo ich gelebt habe;

Jenseits der Scheeren.   5

Aber ich weiß die Stelle nicht,
Wo ich sterben muß,
Wo mir die Stunden der Ewigkeit nahen.

———

Da ist's immer gut, wo wir nicht sind:
Da kocht man Grütze in lauter Butter.

———

Da ist Verstand vonnöthen,
Wo man auf des Klugen Fragen antwortet.

———

Auch die Krähe ist da,
Wo andere Vögel sind.

———

Die Reinlichkeit ist besser als Arbeit.

———

Die Vernunft ist besser als Gedächtniß.

———

Hübsch sind die Spuren
Nach einer Versöhnung.

———

Der Arme ist reich,
Wenn er satt ist.

———

Dann ist die Vernunft entfernt,
Wenn sie in eines anderen Mannes Kopfe ist.

———

Wenn die Wölfe einander bekriegen,
So haben die Schaafe Frieden.

———

Schmiede solange das Eisen noch glühend ist.

———

Der muß dicke Füße haben,
Wer die guten Tage trägt.

Sieht aus wie ein Herr,
Aber dünkt sich wie ein König.

———

Das Auge frägt nach Reinlichkeit,
Die Familie nach den Gaben der Felder.

———

Es lebe der Finne mit Ehren,
Und sterbe mit Ruhm!

———

Die Frau eines Soldaten
Und der Hund eines Fischers
Bleiben beide — weinend am Ufer.

———

Die Einigkeit hat einen geräumigen Ort,
Die Zanksucht eine enge Wohnung.

———

Gerade muß man rudern
Und dem Manne nach seinem Sinne antworten.

———

Der Mund spricht vom Scheiden,
Die Herzen nähern sich.

———

Im Munde ist der Besoffenen Herz.

———

Von deinem Munde in Gottes Ohr!

———

Der Schuster gehört zu dem Geschlechte der Wölfe, er ißt
    Fleisch und Leder.

———

Die Herbstnacht fährt mit neun Pferden.

Auch das schlechtere Brot ist gut
Neben dem selbst erwählten und geliebten Manne.

Der Hungrige ißt sogar Hasenbraten.

Auch die Katze will Fleisch essen,
Aber nicht die Füße benetzen.

———

Die Wirthschaft bestehet durch Klugheit,
Nicht weil man frühe aufsteht
Und viel Leute hat.

———

Der Einfältige spricht von langer Zeit,
Er weiß nicht, ob er den Abend sieht.

———

Gut verwahrt ist das Mädchen unter der Erde.

———

Um das Pferd handelt man im Stalle,
Um das Mädchen wirbt man
In der Stube des Vaters.

———

Der Landmann ist ein Sohn des Jahres,
Das Jahr ein Sohn des Allmächtigen.

———

Die Sitten sind in unserer Hand,
Die Gesundheit in Gottes Hand.

———

Die Sitten machen das Mädchen hübsch.

———

Das Haus bemerkt die Sitten,
Der Mann den Verstand.

———

Scharf ist die Antwort vom Stocke.

———

Scharf ist das Messer der Arbeitsamen,
Stumpf das Messer der Faulen.

———

Wenn das böse Weib bäckt,
So ist ihr alles im Wege,
Die Hunde, die Katzen.

———

Anders meint der Dumme,
Anders weht's auf dem Meere.

Der Mann kehrt aus Åbo wieder zurück,
Aber nicht aus jener Welt.
    (Nur wegen der Alliteration ist gerade Åbo gewählt.)

Auch der Wolf hat Wasser im Auge,
Wenn er in die Grube gerathen ist.

Auch dem Klugen kann ein Unglück begegnen,
Der Dumme aber hat es in der Andern Hand.

Den Mann bemerkt man an seinem Gange.

Groß ist die Stube in jener Welt.

Wainemoinen (der Gott des Gesanges) begleitet den Sänger.

Heute Gold, morgen Erde.
            (Bemerkenswerth wegen des vorkommenden Reims
                    Tänäpänä Kulta
                    huomena multa.)

Die Träume fahren dahin mit den Nächten.

Der Ochs geht noch immer vorwärts,
Wenn das Pferd schon ruhen muß.

Der Schweigende gewinnt alles.

Der Eid ist der Degen der Diebe.

Der Mann herrscht über seine Frau,
Der Pastor über seine Gemeinde,
Der Kaiser über das ganze Reich.

Der Mai hat die Schwalbe in der Hand
Und Erik*) den Kukkuk unter dem Arm.
*) 18. Mai.

Nach dem Menschen bleibt nur die Spur seiner Arbeit.

Die Wölfe heulen alle auf eine Art.

Freunde haben einen Gedanken,
Obgleich zwei Köpfe.

Dann gibt's auch zu Lande Kluge,
Wenn auf dem Meer ein Unglück geschehen ist.

Die Welt züchtiget wohl.

Genug sind Morgen im Morgenlande,
Abende im Süden.

Genug sind Krümmungen im Flusse,
Wenn man in alle rudern will.

Da ist Reichthum, wo Liebe ist.

Den Reichthum machen die Arbeiten,
Das Vorrathshaus baut der Webestuhl.

Die Arbeit lehrt den Arbeiter.

Auch die warmen Tage im Winter sind kalt,
Auch die kalten Tage im Sommer sind warm.

Durch Funken verbrennen Wälder,
Durch Worte entstehen Kriege.

Der Kukkuk bringt eine milde Jahreszeit,
Die Schwalben warme Tage.

Dulde das Schlechte, hoffe das Bessere!

Ein gutes Wort bleibt immer im Gedächtniß.

Die Dienende muß gehen,
Die Unterricht Empfangende willig sein.

Auch der Kluge wird betrogen,
Auch der Falsche kann in Netze gerathen.

Kauf' dir ein Pferd vom reichen Hause,
Aber heirathe aus einem armen.

Gesungen, sind die Wörter zärtlicher,
Gespielt, die Lieder hübscher.

Der Vogel ist hübsch durch seinen Gesang,
Das Mädchen durch ihren Verstand.

Das Singen ist leichter,
Aber das Lesen für die Seele besser.

Das Brot ist ein guter Gefährte.

Die Wittwe hat leichte Schuhe,
Wenn sie einen zweiten Mann wünscht.

Der Vogel ist geschaffen zum Fliegen,
Der Betrübte zum Singen.

Ein Stück Leinwand, ein Stück Brett
Ist unser Loos im Sterben.

Kurz ist der Waldtaube Lied.

———

Der Scherz ist erlaubt,
Aber nicht der beleidigende Vorwitz.

———

Sänger der Hahn, Sänger sein Sohn.

———

Kurz sind die Gesetze für das Lamm,
Wenn es über den Bären klagt dem Wolfe.

———

Auch der Gute findet Seinesgleichen.

———

Das Ufer der Welt ist lang und krumm.

———

Der Verstand ist besser als Arbeit,
Theurer als Gold.

———

Der Mann ist geschaffen zum Lenken der Frau,
Die Frau die Kinder zu hüten.

———

Der Mann ist schwarz,
Das Brot weiß.
    (Von einem häßlichen Freier, der aber wohlhabend ist.)

Ein Mann bleibt ein Mann,
Auch wenn überwunden.

———

Der sich selbst beherrscht, das ist ein Mann.

———

Ein Mann wird aus dem Erzogenen,
Ein Hund aus dem Unerzogenen.

———

Ein Kerl für den Tag, ein Hund für die Woche,
Das Mädchen für die ganze Lebenszeit.

———

Du Herr, ich Herr: wer von uns beiden trägt den Sack?

———

Wo spricht man nicht von dem Manne,
Auf dem Lande, auf dem Meere,
Aber nicht unter der Erde.

Wo viele Aerzte sind, da ist große Gefahr!

Weit hört man das Waldhorn,
Aber die Fehler des Mädchens noch weiter.

Der Fisch ist hübsch im Wasser,
Schöner noch im Kessel.

Mit Haber lockt man, mit Sporen fährt man.

Koche ein Ei, du bekömmst keine Suppe,
Unterweise den Tollen, er kriegt keinen Verstand.

Wer keine Sorgen hat, lasse seinen Sohn heirathen.

Wer den Hund nicht füttern will,
Füttere die Diebe.

Wer viele Festtage hat, hat auch vielen Hunger.

Einmal wollte der Kranich auch auf den Baum,
Da brach er gleich das Bein.

Einmal sieht man auf ein Pferd,
Aber ein Jahr lang auf ein Mädchen.

Hüpfend kömmt der Sommer,
Der Winter mit Gähnen.

Bücke dich nicht für Gold
Und schwanke nicht für Silber,
Gebot der alte Wainemoinen.

———

Kein Fluß ist so groß wie der Wuoren,
Kein Wasserfall hat Imatra übertroffen.

———

Sogar die Fichten bücken sich und die Gewässer rauschen,
Wenn der Kaiser vorübergeht.

———

Der Reisende sieht alle Wunder,
Der Gast bemerkt die Fehler der Tochter.

———

Wann soll der Faule arbeiten?
Im Herbst ist viel Schmutz,
Im Frühjahr viel Wasser,
Im Winter ist's kalt, im Sommer ist's heiß.

———

Wer kann alle Sprachen sprechen,
Und nach eines jeden Sinne handeln!

———

Wo der Kaiser seinen Degen ziehet,
Da hebt der Bauer seine Art.
(Dem Rufe zum Kriege folgend.)

———

Der Arme ist ein König zu Hause.

———

Die schwerste Arbeit ist das sterben,
Die traurigste die Wohnung zu ändern.

———

Wo man den Schmerz fühlt,
Da hält man die Hand hin;
Wo das Liebchen ist, dahin geht das Auge.

Von der Lerche ist ein Monat bis zum Sommer,
Ganz wenig aber von der Bachstelze.

Wo die Löffel schwarz sind,
Da ist die Tochter faul.

Wer für die Armen sorgt, der ist Gottes Helfer.

Wer alle Becher ausleert, kriegt ein blaues Auge!

Der geht einst in den Krieg, der früh die Kesseln leckte.

Wer Zeit gewinnt, gewinnt viel.

Der Wolf sieht immer nach dem Walde hin.

Sieh dich vor! sagte die Häsinn zu ihrem Sohne.

Katzen Freude, Mäusen Sorge!

Der Held öffnet die Stubenthür:
Die Mädchen laufen alle in die Ecke.

Der Hund kömmt, wenn man ihn ruft,
Ein guter Gast kömmt ungerufen.

Wer ohne Zucht wächst, stirbt ohne Ehre.